AF347368

LES
SALAIRES ET LES GRÈVES

CONFÉRENCE

FAITE AU CERCLE DES TRAVAILLEURS DE NANCY

Le 30 avril 1877

Par Charles HEQUET père

OUVRIER TYPOGRAPHE

MEMBRE CORRESPONDANT DE PLUSIEURS ACADÉMIES

NANCY

IMPRIMERIE E. RÉAU, RUE SAINT-DIZIER, 51

—

1877

SALAIRES ET LES GRÈVES

CONFÉRENCE

FAITE AU CERCLE DES TRAVAILLEURS DE NANCY

Le 30 Avril 1877

Messieurs,

Comme c'est à ma qualité d'ouvrier typographe plutôt qu'à tout autre titre distinctif que je dois l'honneur de prendre, pour la première fois, la parole devant un auditoire aussi sympathique, j'aurais mauvaise grâce à user d'une fausse modestie pour réclamer de vous une indulgence sur laquelle j'ai compté, — je l'avoue.

Toutefois, et en raison même de la nature du sujet que j'ai cru pouvoir choisir pour but de cet entretien, — qui ne sera pas le dernier, je l'espère, — j'ai besoin de faire, en sa faveur, appel à toute votre bienveillance.

Messieurs, la question des salaires, que je vais essayer d'exposer, n'est pas nouvelle ; elle appartient à cette série de grands problèmes mis à l'ordre du jour dès le lendemain de la Révolution de 1830, — révolution plus sociale que politique, les événements l'ont bien prouvé, si prestement escamotée au profit de la bourgeoisie d'alors. — Cette question, objet des préoccupations de tant d'esprits généreux, dévoués au progrès de l'humanité, sur laquelle il a été déjà beaucoup écrit, beaucoup dit, et pour laquelle il reste encore tant à faire, je vais l'étudier aujourd'hui sous l'une de ses faces principales, — celle qui me semble devoir vous intéresser le plus, — non pas avec la compétence et le discernement d'un économiste, la sagesse d'un philosophe, mais du moins avec conviction et sincérité, m'efforçant surtout de garder la modération et l'impartialité dont ne doit point se départir quiconque se trouverait être à la fois juge et partie dans son propre procès, — et telle est ma situation en ce moment. Mais je me rassure, Messieurs, en pensant que si la cause que j'entreprends est la mienne, elle est aussi la vôtre.

Messieurs, l'antiquité faisait travailler des esclaves; le moyen âge avait des serfs. Les esclaves et les serfs n'étaient que des bêtes de somme à face humaine, des outils mus par une force propre, un capital à ménager. Le propriétaire l'entretenait par intérêt; tant que les esclaves pouvaient servir, ils étaient passablement nourris, mais le jour où malheureusement ils étaient infirmes, le maître, devenant cruel par intérêt comme il avait été humain par calcul, cherchait le moyen de se délivrer de ce bétail ruineux.

La liberté du travail, proclamée par la Révolution, a chargé le travailleur de la responsabilité qui pèse sur tout homme libre. Désormais, il a dû chercher ses moyens d'existence. L'ancien maître n'a plus été qu'un patron avec lequel les ouvriers ont contracté librement. N'étant plus chargé de nourrir les hommes qu'il emploie, le propriétaire, le commerçant ou le fabricant a traité de gré à gré avec eux, les quittant, les reprenant, multipliant ou diminuant leur nombre.

Les prolétaires ayant été appelés à l'exercice des droits de citoyens, les questions sociales doivent être les premières parmi celles qui préoccupent le gouvernement et les législateurs.

On a souvent répété que le taux des salaires, comme celui des marchandises, dépend de l'offre et de la demande ; que là où les bras sont en petit nombre, le salaire est élevé, et que là où ils abondent, le salaire est très-bas. Une autre proposition consiste à dire que l'oscillation des salaires les ramène ou tend à les ramener vers le strict nécessaire de la vie ; en d'autres termes, le *minimum* de subsistance est le taux auquel tôt ou tard le taux de la journée est réduit. De ces deux propositions, il faut que l'une ou l'autre soit erronée, car il est absolument impossible de les concilier si on entend donner à toutes les deux le caractère de la vérité absolue.

Si le salaire dépend de l'offre et de la demande, il descendra même au-dessous de ce qui est nécessaire pour vivre lorsque l'offre sera très-abondante et la demande très-rare. C'est ce qui arrive surtout pour le travail des femmes, qui est plus offert que demandé ; les calculs les mieux contrôlés ont démontré que beaucoup d'ouvrières, dans les villes et principalement à

Paris, ne gagnent pas de quoi vivre, et qu'elles mourraient littéralement de faim si le surplus ne leur était fourni par leurs parents, leurs maris, leurs enfants, ou par les complices de leur inconduite.

Mais ce sont là des cas exceptionnels. Lorsque le salaire descend au-dessous du minimum de subsistance, les ouvriers cherchent naturellement à sortir de leur triste condition ; les plus intelligents changent vite de profession et se portent vers des métiers moins encombrés ; d'autres émigrent dans les pays voisins ou passent les mers, et bientôt, par la diminution de l'offre, le prix du travail est ramené à un taux plus rémunérateur. L'emploi de la journée est aussi plus assuré, et l'ouvrier ne craint pas que le lendemain on le renvoie pour faire place à un ouvrier offrant son travail à plus bas prix. D'un autre côté, si le salaire est au-dessus du minimum de subsistance, les ouvriers sont attirés par le gain, et l'accumulation de l'offre fait baisser le prix de la journée là où ce prix était très-élevé. J'ajoute que la facilité de vivre détruit l'esprit de prévoyance et que la hausse des salaires est suivie d'une augmentation de population qui augmente le nombre des travailleurs et abaisse le prix de la journée par la multiplication de l'offre. La misère est généralement très-prolifique, et la prudence se rencontre bien plus fréquemment dans les familles aisées où l'on calcule l'avenir des enfants, que dans les ménages pauvres, où la détresse est telle qu'il n'y a plus ni espérance, ni prévision.

Ce qui est vrai, c'est que l'élévation des salaires attire

les travailleurs et qu'elle tend à se détruire elle-même par la multiplication de l'offre. — Ce qui est vrai, c'est que réciproquement la baisse extrême chasse les travailleurs des métiers où elle s'est produite, et que l'émigration, qui en est la conséquence, tend à relever le prix de la journée. Mais il n'y a rien dans ces propositions qui ne soit applicable à toutes les marchandises et valeurs, et c'est une vérité banale aussi bien parmi les économistes que parmi les commerçants et les industriels, que la cherté d'un produit attire la production et le commerce, et que l'extrême bon marché, surtout s'il descend au-dessous du revient, chasse les producteurs et relève les prix par la diminution de la concurrence. Lorsque le salaire tombe au-dessous du minimum de subsistance, il est comparable au prix de marchandises qui serait inférieur aux frais de revient. La comparaison est aussi exacte qu'une comparaison peut l'être, elle démontre que, pour les salaires, comme pour toutes les valeurs économiques, la seule loi qui soit vraie, c'est que leur taxe est déterminée par l'offre et la demande. Quant au *minimum* de subsistance, il agit sur le prix de la journée comme les frais de revient agissent sur le prix des marchandises.

L'offre et la demande ne sont cependant pas les seuls éléments qui influent sur le prix de la journée; il faut tenir compte aussi de l'action qu'exerce la *coutume*. Les salaires ne varient qu'autant que les causes de modification exercent une forte action; si les conditions de l'offre et la demande n'éprouvent pas un changement considérable, le prix de la journée se conserve par la puissance de l'habitude. Les variations du salaire ne sont pas semblables à celles d'un thermomètre où l'on peut lire les plus petits changements de température. On pourrait plutôt les comparer à ces corps qui ne s'échauffent que sous l'action d'une température élevée et demeurent insensibles aux légères modifications de l'atmosphère. Tant qu'une grande perturbation ne se produit pas dans les conditions de l'offre et de la demande, l'idée ne vient à personne de changer le prix de la journée. C'est ce qui est arrivé particulièrement pour les salaires de l'ouvrier des champs. Partout les produits de l'agriculture se vendent plus cher qu'autrefois; la vie de l'ouvrier, même à la campagne, coûte beaucoup plus depuis quelques années; il y a eu vers les villes des émigrations dont tout le monde se plaint; la difficulté de trouver des ouvriers excite partout les cris des cultivateurs; et cependant, soit que la demande ait augmenté, soit que l'offre ait diminué, il est évident que les rapports entre cultivateurs et ouvriers ont changé dans une proportion notable. Cependant il est des pays où le prix de la journée est resté stationnaire, sans que cette persistance puisse s'expliquer autrement que par la coutume ou l'habitude. Quant aux ouvriers des villes, il y a des industries où la coutume est rédigée en articles. C'est ce qui est arrivé à Paris pour la charpente, la typographie et autres métiers où les tarifs sont réglés par des conventions dont l'effet se conserve pendant plusieurs années.

D'où vient cet empire de l'usage? Lorsqu'il traite avec le patron, l'ouvrier isolé ne pense pas à exiger plus qu'on ne demande d'ordinaire. S'il élevait ses prétentions, le patron s'adresserait ailleurs, et tant qu'il n'y aurait pas entente entre les ouvriers, celui qui aurait tenté d'attacher le grelot serait assurément victime de sa témérité. La coutume ne cède qu'autant qu'il y a un courant établi pour le changement de prix. Alors le patron obéit au courant, tantôt par esprit de justice, tantôt parce qu'il lui est impossible de résister; car il arrive un moment où il trouvera partout les mêmes prétentions. Les courants se produisent rarement, et une telle résistance ne peut avoir qu'un caractère fortuit. Il en est autrement de l'accord entre ouvriers tendant à obtenir l'élévation du prix de la journée, avec la cessation des travaux pour sanction à leur demande, en cas de refus par le patron.

Cet accord entre ouvriers qui s'entendent librement pour cesser les travaux, n'a rien que de naturel et de légitime. Cependant jusqu'à la loi du 25 mai 1864, il a été considéré comme un délit sous le nom de *coalitions*.

A quoi peut-on attribuer cette confusion des notions les plus distinctes?

C'est que, malheureusement, pendant longtemps l'accord entre ouvriers était presque toujours accompagné de manifestations tumultueuses, de violences, de voies de fait. Au lieu d'un accord libre et pacifique, on a vu des réunions bruyantes qui mettaient la paix publique en péril. La liberté des ouvriers eux-mêmes était rarement respectée. Un atelier était-il mis à l'*index*, un chantier était-il *damné !* Malheur à l'ouvrier qui y entrait pour travailler! S'il n'était pas de l'avis des coalisés, s'il lui plaisait de travailler aux conditions adoptées jusqu'à la grève, le vide se faisait autour de lui; on le reniait pour camarade, et souvent les coalisés ne se bornaient pas à l'abstention, ils punissaient par des voies de fait et des violences le camarade qui travaillait. Ajoutez qu'après une résistance de quelques jours, les ouvriers en grève était à bout de ressources; que leurs économies une fois épuisées, ils étaient en proie aux mauvais conseils de la faim et ne pouvaient être qu'une population très-dangereuse pour la paix publique. Pendant longtemps, on a pu croire que l'accord entre ouvriers devait nécessairement produire la violence et l'émeute, et c'est parce que cette conséquence sêmblait inévitable que la coalition était devenue un délit rigoureusement, trop rigoureusement même, puni par les lois. Il est vrai de dire que jusqu'à ces derniers temps on n'avait guère vu de grève pacifique, et que le mot de coalition réveillait dans les esprits les idées les plus sombres. L'histoire des coalitions pouvait facilement se résumer en ces quelques mots : ruine du patron, misère de l'ouvrier, trouble de l'ordre public.

Les progrès de la civilisation, l'émancipation politique, et la pratique de la liberté, en pénétrant dans toutes les classes de la société, ont produit un grand adoucissement dans les mœurs; nous avons eu, alors, l'exemple de grèves pacifiques et librement suivies, sans menaces, sans violences et sans voies de fait. On a vu alors que l'accord pouvait être séparé des conséquences périlleuses, et qu'il y aurait injustice à punir ce qui n'était en définitive que l'exercice d'un droit légitime, lorsque le libre concert n'était ni la cause, ni l'occasion d'aucune violence.

Afin d'éviter, dans l'avenir, les désordres qui pourraient être la conséquence de nouvelles coalitions, n'y aurait-il pas avantage à instituer, pour les ouvriers de chaque métier, une chambre syndicale chargée de représenter leurs intérêts, et en cas de dissentiments ou de réclamations de s'entendre avec les chambres syndicales des patrons. Par ce moyen, les réclamations pourraient toujours se produire d'une façon régulière et sans désordre. Les demandes examinées et discutées à l'avance ne seraient présentées qu'autant qu'elles seraient sérieuses, et jamais, ou au moins presque jamais, un caprice ne servirait de signal à une coalition. Serait-ce là rétablir, comme quelques-uns de mes collègues m'en ont fait l'objection, le régime des corporations détruit en 1789 ! Une pareille crainte ne pouvait venir que d'une profonde ignorance sur ce qui se passait en 1789 ! Ce qui était odieux, alors, c'était le système des maîtrises qui limitait le travail à quelques personnes, et faisait une matière privilégiée de ce qui devait, d'après la loi naturelle, être le patrimoine de chacun.

Quant à la corporation elle-même, elle protégeait ses membres d'une façon efficace, et si elle n'avait pas été liée avec la restriction des maîtrises, elle n'aurait pas été combattue. Les ouvriers ont aujourd'hui une aspiration marquée vers la corporation combinée avec la liberté du travail et de l'industrie ; ce fait seul, prouve que le rétablissement des corporations ne serait pas un retour à l'ancien régime. Si, au contraire, on parlait de rétablir les maîtrises, ces mêmes ouvriers qui demandent l'organisation des chambres syndicales ou des corporations, entreraient bien vite en fermentation.

De leur côté, il ne faut pas se le dissimuler, les patrons, en général, redoutent beaucoup l'organisation des chambres syndicales pour les corps de métiers. Ils craignent, et c'est un tort, que cette représentation n'aboutisse à des réclamations incessantes, à une sorte de coalition permanente, et ils préféreraient, j'en pourrais fournir les preuves, une liberté simple qui laisserait les ouvriers à la difficulté de s'entendre ; difficulté bien grande, entre personnes n'ayant entre elles aucun lien d'association régulier.

De pareilles considérations peuvent-elles toucher l'économiste et l'homme d'État ? Je ne le pense pas.

Ce qu'il faut déplorer, avant tout, ce qu'il faut surtout empêcher, ce sont les désordres et les violences qui, trop souvent, ont suivi les coalitions. Là, est l'unique mal, et là, par conséquent, doit être porté le remède le plus énergique.

Si l'organisation des chambres syndicales semble le meilleur, ou l'un des meilleurs moyens pour éviter le mal que je viens de signaler, il faut l'employer sans avoir égard aux appréhensions des patrons. Mais ces appréhensions, je ne les crois pas légitimes. Les chambres syndicales auront une responsabilité grave, et elles se garderont bien de pousser légèrement à la résistance. Nous en avons pour exemple ce qui se passe à Paris, où un grand nombre de chambres syndicales ouvrières ont été créées et où elles fonctionnent avec régularité. — C'est que, mieux que personne, les ouvriers savent quelles sont les conséquences désastreuses de la grève, et ce n'est pas inconsidérément que les syndics prendront sur eux de conseiller la cessation des travaux dont ils seraient également les victimes.

Il faut être juste pour tout le monde. Si les patrons sont syndiqués n'est-il pas équitable que les ouvriers le soient aussi? Et vous savez qu'une proposition dans ce sens, déposée sur le Bureau de l'Assemblée par l'honorable M. Lockroy, doit être discutée dans la session législative qui s'ouvre demain. Si la corporation a des inconvénients, elle n'en peut avoir que pour les patrons qui redoutent les effets de cette organisation. Quant à la sécurité générale, elle n'a rien à redouter, puisque les réclamations se produiront d'une façon régulière et ne seront plus livrées aux hasards de la rue.

De l'entretien de l'esclave ou du serf par le maître au salaire de l'ouvrier actuel, il y a toute la distance de l'esclavage à la liberté. Cette transformation, qui, comme tout progrès accompli, ne s'est opérée qu'aux prix de grands sacrifices, est-elle le dernier terme, l'étape finale de la rémunération du travailleur? — Non, Messieurs, et c'est une espérance que je partage avec le plus grand nombre, qu'un jour viendra, — et ce sera l'honneur de notre siècle d'avoir posé ce problème et peut-être aussi de le voir résoudre, — c'est une espérance, dis-je, qu'un jour viendra où les ouvriers seront associés aux entreprises, et qu'au salaire fixe s'ajoutera une part des bénéfices. C'est là un des mes vœux les plus ardents ; et, à ce propos, laissez-moi vous dire toute ma pensée : les ouvriers intelligents et hardis s'associeront pour produire, et préféreront les incertitudes, les chances de l'industrie aux ressources fixes et invariables du salaire. D'autres, — et c'est leur droit, — moins entreprenants, aimeront mieux leur tranquillité et préféreront des ressources limitées, pourvu qu'elles leur soient assurées.

La transformation de la situation de l'ouvrier par l'association, ne sera donc pas universelle, puisqu'elle dépendra du caractère de chacun.

On verra aussi, comme on l'a déjà vu, des patrons associer leurs ouvriers et leur accorder une part de bénéfices en addition à leur salaire.

Pourvu que ces changements soient l'œuvre de la liberté, qu'on ne recoure pas à la loi pour opprimer les intéressés, et qu'on attende tout du mouvement spontané des volontés, tout homme juste partagera certainement des espérances aussi légitimes, et tout partisan du progrès devra non-seulement les approuver, mais il aura également le devoir de chercher par tous les moyens en son pouvoir à en favoriser la réalisation la plus prompte.

Courage donc, Messieurs; soyons sans impatience, comme sans inquiétudes, et n'ayons point de récriminations pour un passé qui n'a pas été sans douleurs et sans mauvais jours, mais qui ne reviendra plus : les fleuves ne remontent pas leurs cours. Serrons nos rangs, et marchons avec le calme et la sérénité que donnent le droit et la raison vers un avenir peu éloigné où nous assisterons au triomphe définitif du règne de la *Justice* et de la *Liberté*.

Encore un mot, Messieurs, et je finis. — En vous remerciant sincèrement de l'attention soutenue que vous venez de m'accorder, permettez-moi, en terminant, de vous répéter ici les paroles que, dans une autre enceinte, et dans une autre circonstance, j'adressais à un groupe nombreux d'ouvriers, membres comme moi d'une Société de secours mutuels.

A l'œuvre, Messieurs, tous tant que nous sommes! Si modeste et si restreinte que soit notre sphère d'action, apportons notre concours à l'œuvre commune. Réveillons, excitons la passion du bien et enflammons les cœurs de l'amour du pays. Laborieux artisans, que vos œuvres et vos actions reflètent les sentiments qui vous animent. Ne prêtez pas l'oreille aux clameurs insensées de l'intrigue et de l'égoïsme, mais déployez toutes grandes sur les ignorants et les faibles les ailes de l'enthousiasme et de la vérité. — Dites aux masses indifférentes, comme autrefois le prophète : « Levez-vous, recevez la lumière et vivez! » Car le soleil de l'intelligence c'est la vie, le bonheur, c'est l'indépendance du peuple et le salut de la patrie.

Rompons le câble qui nous relient au rivage, déployons nos voiles toutes grandes, et que notre esquif sillonne hardiment les mers. Que la main de Celui qui préside aux destinées des nations écarte de nous les orages et nous préserve de nouvelles tempêtes. Et bientôt nous entendrons encore une voix puissante donner au monde attentif et anxieux ce mot d'ordre qui fait vibrer tous les cœurs, tressaillir tous les peuples et trembler tous les trônes : FRANCE ET LIBERTÉ !

www.ingramcontent.com/pod-product-compliance
Lightning Source LLC
LaVergne TN
LVHW010821180726
843502LV00009B/3473